# Frank Le Gall

## LES AVENTURES DE THÉODORE POUSSIN

*2501-02-119(2)*

# un passager
# porté disparu

Couleurs : Dominique Thomas

REPÉRAGES

DUPUIS

Dépôt légal : février 1993  — D.1992/0089/43
ISBN 2-8001-1919-5  — ISSN 0773-4794
© 1992 by Le Gall and Editions Dupuis.
Tous droits réservés.
Imprimé en Belgique par Proost/Fleurus.

4

6

8

11

13

DRRRING

CE DOIT ÊTRE CLACQUIN ET DENNI. JE VAIS LEUR OUVRIR.

VOUS CONNAISSEZ M. SÉNARD, LE SUPÉRIEUR DE THÉODORE, JE PENSE ?

BONJOUR, MADAME POUSSIN...

OUI, OUI, BIEN SÛR ! ALORS ? A-T-ON DES NOUVELLES ?

HÉLAS ! NON , RIEN ... THÉO-DORE A LITTÉRALEMENT DISPARU ! C'EST À N'Y RIEN COMPRENDRE !

JE ME SUIS RENSEIGNÉ AUPRÈS DES BU-REAUX DE COLOMBO OÙ ON M'A CONFIRMÉ QUE THÉODORE N'A PAS PARTICIPÉ À CETTE EXPÉDITION AU MONT-LAVIGNIA. ON SUP-POSAIT LÀ-BAS QU'IL SE PRÉSENTERAIT LE LENDEMAIN DU DÉPART DU "CAP ST-JACQUES".

IL AURAIT ENCORE PU REJOINDRE SON NAVIRE PAR AVION, À L'ESCALE SUIVANTE ... MAIS RIEN ! RIEN ! LE SILENCE TOTAL ! DEPUIS TROIS JOURS !

TROIS JOURS ! TROIS JOURS ! C'EST IMPENSA-BLE, ÇA !

ET LA POLICE ? L'A-T-ON PRÉVENUE ?

NATURELLEMENT ! MAIS COLOMBO EST UNE GRANDE VILLE... LE RETROUVER LÀ-DEDANS ... PRESQUE IMPOSSIBLE ...

OH LÀ ! IL EST TEMPS QUE JE ME SAUVE ! BONSOIR , MES-SIEURS, BONSOIR MADAME POUSSIN.

JE VOUS RACCOMPAGNE, M. SÉNARD.

MERCI, CAMILLE...J'ES-PÈRE ... POURVU QU'IL NE SOIT PAS ARRIVÉ UN MALHEUR ...

TAISEZ-VOUS ! MA MÈRE POURRAIT VOUS ENTENDRE !

16

17

FRANCHIR LE MUSOIR DES JETEES ... S'ABANDONNER ENFIN À L'IVRESSE DU DÉPART, À L'ATTRAIT DE LA NOUVEAUTÉ, ET GOÛTER LA DOUCE AMERTUME QUE VOUS LAISSE LA CÉRÉMONIE DES ADIEUX ... PARTIR ...

PARTIR N'EST RIEN EN REGARD DE CETTE ÉTRANGE SENSATION DE DOUCEUR QUI VOUS ENVAHIT À L'IDÉE DE POSER LE PIED À NOUVEAU SUR LE SOL DE VOTRE PAYS.

CAR C'EST LÀ QU'ON A LAISSÉ LA MEILLEURE PARTIE DE SOI, QU'ON LE VEUILLE OU NON. CEUX QUI VOUS AIMENT NE LAISSERAIENT PAS TOUT PARTIR DE VOUS ...

LES DEUX SILHOUETTES FRILEUSES QUE J'AVAIS LAISSÉES DERRIÈRE MOI, JE LES RETROUVE, INCHANGÉES, COMME SI ELLES N'AVAIENT, TOUT CE TEMPS, JAMAIS BOUGÉ.

ET TANDIS QUE NOUS RENTRONS TOUS TROIS PAR LES RUES OMBREUSES, JE ME TROUVE DÉLOYAL DE REVENIR DE NUIT, ALORS QUE TOUT LE MONDE DORT.

À JEAN BART
LA VILLE DE
DUNKERQUE
MDCCCXLV

ET JE DÉPLORE DE NE POUVOIR SAVOURER CE RETOUR EN PLUSIEURS ÉTAPES. MAIS RIEN NE M'EST ÉPARGNÉ ET LES VISIONS SE BOUSCULENT SANS QUE J'AIE LE TEMPS D'EN TIRER TOUT LE SUC ... VOICI LA MAISON, VOICI NOS VISAGES SOUS LA LUMIÈRE, NOS RIRES ET NOS PLEURS, VOICI MON LIT ...

17

20

21

23

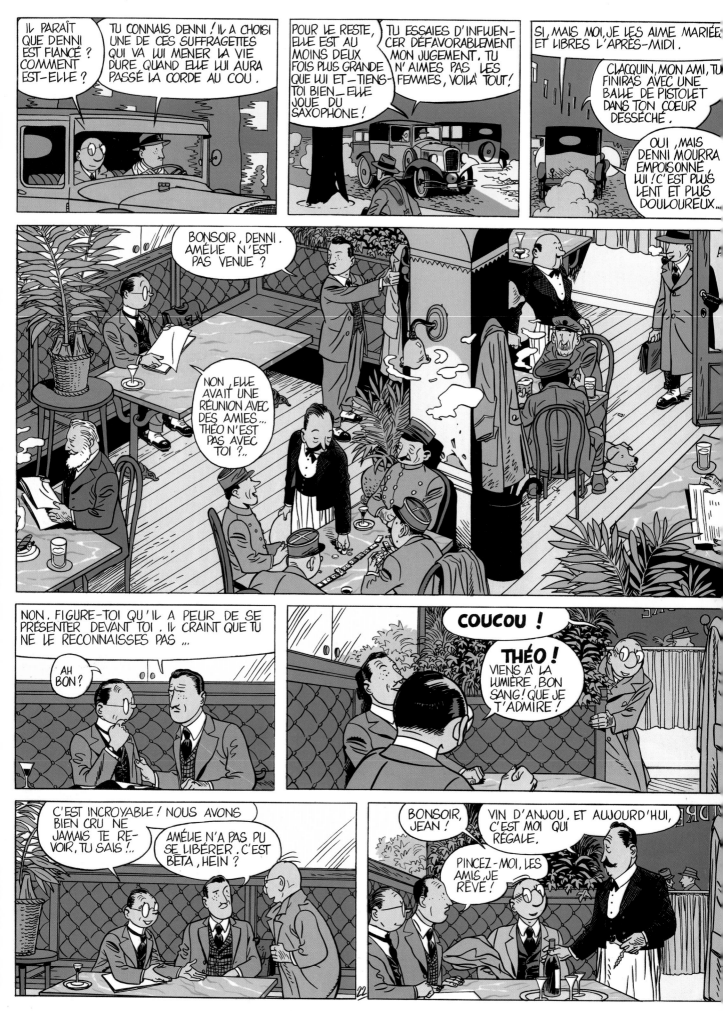

25

QU'EST-CE QUE TU CHERCHES DANS TOUTES CES VIEILLERIES ?
?!
C'EST TOI ? JE NE T'AVAIS PAS ENTENDUE VENIR ... JE NE CHERCHE RIEN ...
RIEN DU TOUT... IL Y AVAIT BIEN UNE BOÎTE AVEC D'ANCIENNES PHOTOS ET DES LETTRES, PAR ICI , NON ?
OUI, IL Y A LONGTEMPS. DEPUIS ÇA, MAMAN L'A RAMENÉE DANS SA CHAMBRE...
TU REDESCENDS AVEC MOI ?
NON, JE VAIS M'ALLONGER JUSQU'AU DÎNER . PASSE DEVANT, JE REFERME.
C'EST ABSURDE ! C'EST IMPOSSIBLE !
MAIS JE T'ASSURE QUE C'EST VRAI ! C'ÉTAIT CHARLES STEENE, TON FRÈRE. IL ÉTAIT VIVANT ET IL COMMANDAIT UNE JONQUE DE PIRATES ARMÉS JUSQU'AUX DENTS !
OH ! ÇA, C'AURAIT ÉTÉ POSSIBLE, PARCE QUE CHARLES ÉTAIT UN VOYOU . MAIS IL EST MORT EN SEIZE, J'AI LÀ-HAUT UN TÉLÉGRAMME DU BUREAU DE LA MARINE
JE SAIS, MAMAN, JE CONNAIS LE TÉLÉGRAMME, MAIS IL N'EST PAS MORT !
TU AURAS RÊVÉ, VOILÀ TOUT ! ET JE NE VEUX PLUS ENTENDRE CETTE HISTOIRE MORBIDE !.. C'EST DEMAIN QUE TU SORS EN MER AVEC TON ONCLE MARCEL ?
DEMAIN, OUI.

27

30

CE QUE JE NE PARVIENS PAS À COMPRENDRE, C'EST POURQUOI TU AS INVITÉ CE VIEUX RADOTEUR DE PÈRE COTTON À DÎNER !

TEDDY FAIT CE QU'IL VEUT. IL EST CHEZ LUI.

TOI, TU FERAS COMME TU VOUDRAS QUAND TU SERAS LA MAÎTRESSE DE MAISON CHEZ TOI.

MOUAIS... POUR ÇA, IL FAUDRAIT QU'ON' SONNE À LA PORTE ET QU'UN GRAND BÉJAUNE TE DEMANDE MA MAIN !...

VOTRE PÈRE N'ÉTAIT PAS COMME ÇA, LUI... C'ÉTAIT UN HOMME DE DEVOIR, TRAVAILLEUR ET CONSCIENCIEUX... UN HOMME BON... TU NOUS QUITTES, THÉODORE ?

EN TOUT CAS, LE PREMIER QUI SONNE, JE L'ACCEPTE ! MIEUX : JE LUI SAUTE DESSUS !

ET CLACQUIN ?

CLACQUIN N'EST QU'UN DÉVOYÉ, UN COUREUR DE JUPONS ! JE DÉCONSEILLE FORTEMENT CE CHOIX !

OUI, JE MONTE ME COUCHER, JE TOMBE DE SOMMEIL, EXCUSEZ-MOI.

31

33

34

Haïphong, le 3 Janvier

Ma très chère sœur,

Me voici à Haïphong, tu devines dans quel état d'accablement. C'est assez d'avoir tout perdu et d'avoir dû fuir comme un voleur, moi à qui on a tout pris, mais je dois encore subir ici des épreuves de toutes natures et je me sens à bout.

Pourquoi ne réponds-tu pas à mes lettres ? Crains-tu que cela m'amènerait à revenir ? Ou peur de te montrer trop tendre ? Ou peur que je revienne ?

Dans le passé, ce qu'on regrette le plus souvent, c'est sa propre attitude.

La vie est si dure ici que je me félicite souvent de savoir votre petit Théodore dans une belle maison, entouré de tout l'amour dont je vous sais capables. Lui parles-tu parfois de son oncle Charles, de son pauvre oncle...

Madame
13, rue de
Dunkerque

Je ne puis guère venir vous voir cette année comme j'en avais eu l'intention. Je ne pourrais pas poser le pied sur le sol français sans craindre d'y être emmené... comme à vie, ou peu s'en faut...

Charles

JE M'EN VEUX DE N'AVOIR PAS PU BRÛLER CES LETTRES...

AVEC LES AUTRES, N'EST-CE PAS, CELLES QUE TU AS BRÛLÉES L'AUTRE SOIR DANS LA CHEMINÉE ?

POURQUOI AS-TU FAIT CELA ? QU'EST-CE QUE JE NE DOIS PAS DÉCOUVRIR À PROPOS DE STEENE ? QU'A-T-IL FAIT QUI PUISSE EXPLIQUER QUE VOUS L'AYEZ TOUS EFFACÉ DE VOTRE MÉMOIRE ?

TU NE POURRAIS PAS COMPRENDRE, CROIS-MOI, THÉODORE.

34

36

37

40

44

45

DEVANT L'IMMINENCE DU DANGER QUE LE VOYAGE T'AMÈNE À APPRENDRE MON EXISTENCE, NOVEMBRE S'ÉTAIT IMPROVISÉ TON DESTIN.

SON BUT, AU DÉPART, ÉTAIT DE T'ÉLOIGNER DE MOI QUAND IL ME SAVAIT DANS LES PARAGES; MAIS LES TOURS ET DÉTOURS QUE T'A FAIT EMPRUNTER TON DESTIN ONT DÛ TE SEMBLER PARFOIS BIEN ÉTRANGES!

MON GARÇON, CE TYPE EST MORT!

TU NE DEVAIS À AUCUN PRIX SAVOIR QUI J'ÉTAIS, QUI **TU** ÉTAIS!

ALORS, POURQUOI M'A-T-IL TOUT RÉVÉLÉ À COLOMBO? J'AI PASSÉ TROIS JOURS À ERRER DANS LA VILLE COMME UNE ÂME EN PEINE. JE NE PARVENAIS PAS À COMPRENDRE...

C'EST-À-DIRE... IL SAVAIT QUE LE JOUR OÙ JE VIENDRAIS À MOURIR, JE DEVRAIS TE DIRE LA VÉRITÉ... ET, À COLOMBO, NOVEMBRE A BIEN CRU QUE CE JOUR-LÀ ÉTAIT ARRIVÉ...

D'AILLEURS, IL NE SE TROMPAIT PAS DE BEAUCOUP...

QUE VOULEZ-VOUS DIRE? ÊTES-VOUS...?

UN ACCIDENT STUPIDE, UNE BALLE QUI TARDE UN PEU À TROUVER SON CHEMIN JUSQU'AU CŒUR... MAIS JE SENS QU'ELLE Y PARVIENT, À PRÉSENT...

J'AI DEMANDÉ À BARTHÉLEMY DE ME CONDUIRE JUSQU'À TOI. À TRAVERS LUI, J'AI APPRIS À TE CONNAÎTRE ET À T'ESTIMER. JE VOULAIS TE VOIR AU MOINS UNE FOIS ET T'EXPLIQUER...

MAIS JE NE PEUX RIEN EXPLIQUER... NE ME JUGE PAS, THÉODORE... OU, SI TU DOIS LE FAIRE, PARDONNE-MOI... PRENDS MA MAIN...

DÉSIREZ-VOUS VOIR MA MÈRE?...

JE NE DÉSIRAIS VOIR PERSONNE D'AUTRE QUE TOI, THÉODORE. RESTE AVEC MOI, CETTE NUIT...

47